Santa Teresinha
do Menino Jesus

Elam de Almeida Pimentel

Santa Teresinha do Menino Jesus

Invocada para conseguir uma graça especial

Novena e ladainha

Petrópolis

© 2023, Editora Vozes Ltda.
Rua Frei Luís, 100
25689-900 Petrópolis, RJ
www.vozes.com.br
Brasil

2ª edição, 2013.
3ª reimpressão, 2025.

Todos os direitos reservados. Nenhuma parte desta obra poderá ser reproduzida ou transmitida por qualquer forma e/ou quaisquer meios (eletrônico ou mecânico, incluindo fotocópia e gravação) ou arquivada em qualquer sistema ou banco de dados sem permissão escrita da editora.

CONSELHO EDITORIAL	**PRODUÇÃO EDITORIAL**
Diretor	Anna Catharina Miranda
Volney J. Berkenbrock	Eric Parrot
	Jailson Scota
Editores	Marcelo Telles
Aline dos Santos Carneiro	Mirela de Oliveira
Edrian Josué Pasini	Natália França
Marilac Loraine Oleniki	Priscilla A.F. Alves
Welder Lancieri Marchini	Rafael de Oliveira
	Samuel Rezende
Conselheiros	Verônica M. Guedes
Elói Dionísio Piva	
Francisco Morás	
Teobaldo Heidemann	
Thiago Alexandre Hayakawa	

Secretário executivo
Leonardo A.R.T. dos Santos

Editoração: Fernando Sergio Olivetti da Rocha
Diagramação: AG.SR Desenv. Gráfico
Capa: Omar Santos

ISBN 978-85-326-4156-4

Este livro foi composto e impresso pela Editora Vozes Ltda.

Sumário

1 Apresentação, 7
2 História da vida de Santa Teresinha, 9
3 Novena de Santa Teresinha, 13
   1º dia, 13
   2º dia, 14
   3º dia, 15
   4º dia, 16
   5º dia, 18
   6º dia, 19
   7º dia, 20
   8º dia, 21
   9º dia, 23
4 Orações a Santa Teresinha, 27
5 Ladainha de Santa Teresinha, 29

APRESENTAÇÃO

Santa Teresinha, durante toda a sua vida, serviu ao Menino Jesus, o que explica ser chamada de Santa Teresinha do Menino Jesus. Ela se tornou uma das santas mais populares do século XX e morreu com apenas 24 anos de idade. Dizia que, depois que morresse, iria fazer cair uma chuva de rosas: as flores representariam as graças que ela concederia, e assim ficou conhecida como a Santa das Rosas.

Este livrinho contém a vida de Santa Teresinha, sua novena, oração e ladainha e algumas passagens da Bíblia, seguidas de uma oração para o pedido da graça especial.

A novena pode ser começada em qualquer dia do mês, mas muitos devotos a preferem fazer de 9 a 17 de cada mês. Durante nove dias rezam-se 24 Glórias-ao-Pai, agradecendo a Deus os favores e graças que concedeu a Santa Teresinha durante os 24 anos em que viveu na terra.

Iconograficamente, Santa Teresinha é retratada a meio corpo, vestida com o hábito das carmelitas: túnica e véu pretos, capa branca, abotoada na frente, auréola sobre a cabeça, segurando nas mãos um crucifixo coberto por ramalhetes de rosas. Sua festa comemorativa é no dia 1º de outubro.

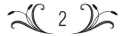

História da vida de Santa Teresinha

Santa Teresinha de Lisieux, conhecida como Teresinha do Menino Jesus, nasceu em 1873, na França. Recebeu no batismo o nome de Teresa Martin e, desde pequena, já manifestava a vocação religiosa. Seus pais eram cristãos, tiveram nove filhos. Três faleceram em tenra idade e os demais eram meninas e tornaram-se religiosas conforme o desejo da mãe.

A mãe faleceu quando Teresa tinha quatro anos, e o pai mudou com a família para Lisieux, onde morava um tio materno de Teresa, e a tia ajudaria na educação das crianças órfãs. Teresa cresceu num ambiente de amor e de fé; as irmãs mais velhas entraram para a vida religiosa, e Teresa, a caçula, também o desejava, mas só aos 15 anos conseguiu entrar para o convento. Teresa, além de seu amor especial a Nossa Senhora, procurou servir de corpo e alma ao Menino Jesus, daí o seu nome.

Morreu (1897) vítima de tuberculose aos 24 anos de idade. Mesmo doente e debilitada, fazia penitências diariamente e dizia que, depois que morresse, iria fazer cair uma chuva de rosas. As flores representariam as graças que ela concederia e, por isso, ela é representada segurando um ramalhete de rosas.

Em 03/12/1925 Padre Putigan começou uma novena pedindo a Santa Teresinha uma graça de que muito necessitava e solicitou à santa que gostaria de receber uma rosa para ter certeza do alcance da graça. Não falou com ninguém que estava fazendo a novena e, no 3º dia, recebeu a rosa pedida e, mais tarde, alcançou a graça solicitada. Começou então outra novena e, recebendo uma rosa e alcançando novamente a graça solicitada, resolveu então propagar a Novena das Rosas.

No dia 17 de maio de 1925 Teresinha foi canonizada e tornou-se uma santa muito popular, conhecida como a "Santa das Rosas". Foi proclamada como "Padroeira principal das missões no mundo" e também foi proclamada "Doutora da Igreja" pelo Papa João Paulo II em 1997. A veneração a Santa Teresinha espalhou-se rapidamente e muitas igrejas e paróquias no mundo a têm como padroeira.

Santa Teresinha teve uma vida de intensa oração e sacrifícios. Viveu uma espiritualidade aliada ao realismo da vida cotidiana. Para ela, a caridade estava no ato de ser tolerante com os outros e suportar defeitos, compreender as fraquezas, ajudando sempre quem precisava de um consolo. É festejada em 1º de outubro.

Novena de Santa Teresinha

1º dia

Iniciemos com fé este primeiro dia de nossa novena, invocando a presença da Santíssima Trindade: em nome do Pai, do Filho e do Espírito Santo. Amém.

Leitura do Evangelho: Mt 18,3

> Eu vos garanto que se não vos converterdes e não vos tornardes como crianças não entrareis no Reino dos Céus.

Reflexão

Santa Teresinha refletiu sobre esta passagem do Evangelho dizendo: "alegro-me de ser pequenina, visto que somente as crianças e os que com elas se parecem serão aceitos no banquete do céu".

Oração

Querida Santa Teresinha, ajudai-me a tornar-me generosa, sabendo amar, ajudar o próximo, partilhar. Concedei-me a graça que a vós suplico... (falar a graça que se deseja alcançar).

Rezar 24 Glórias-ao-Pai, acrescentando a cada um a jaculatória: Santa Teresinha do Menino Jesus, rogai por nós.

2º dia

Iniciemos com fé este segundo dia de nossa novena, invocando a presença da Santíssima Trindade: em nome do Pai, do Filho e do Espírito Santo. Amém.

Leitura do Evangelho: Mc 11,22-24

Jesus respondeu: "Tende fé em Deus. Eu vos asseguro: Quem disser a este monte: 'Sai daí e joga-te ao mar' e não duvidar em seu coração, mas acreditar que vai acontecer o que diz, assim acontecerá. Por isso eu vos digo: Tudo o que pedirdes na oração, crede que o recebereis e vos será dado".

Reflexão

Ter fé em Deus e partilhar nossos problemas com Ele é muito importante para vivermos. A fé e a oração muito nos ajudam no enfrentamento de nossos problemas. O poder de Deus realiza grandes milagres e é o nosso socorro em qualquer situação.

Oração

Santa Teresinha, Santa das Rosas, dai-nos a segurança do seu amor e a certeza de que estais conosco. Alcançai-me de Deus a graça que a vós suplico... (falar a graça que se deseja alcançar).

Rezar 24 Glórias-ao-Pai, acrescentando a cada um a jaculatória: Santa Teresinha do Menino Jesus, rogai por nós.

3º dia

Iniciemos com fé este terceiro dia de nossa novena, invocando a presença da Santíssima Trindade: em nome do Pai, do Filho e do Espírito Santo. Amém.

Leitura bíblica: Is 40,31
> [...] mas os que esperam no Senhor, renovam suas forças, voam nas alturas como as águias, correm e não se fatigam, caminham e não se cansam.

Reflexão
A fé no "Senhor" ajuda a superar tudo. Santa Teresinha disse: "Desde o momento em que me foi dado compreender o Amor do Coração de Jesus, eu confesso que Ele dissipou do meu coração todo o temor".

Oração
Santa Teresinha, ajudai-me a confiar no Amor de Jesus sempre. Concedei-me a graça que a vós suplico... (falar a graça que se deseja alcançar).

Rezar 24 Glórias-ao-Pai, acrescentando a cada um a jaculatória: Santa Teresinha do Menino Jesus, rogai por nós.

4º dia

Iniciemos com fé este quarto dia de nossa novena, invocando a presença da Santíssima Trindade: em nome do Pai, do Filho e do Espírito Santo. Amém.

Leitura do Evangelho: Jo 15,12-13

Este é o meu mandamento: amai-vos uns aos outros como eu vos amei. Ninguém tem maior amor do que aquele que dá a vida por seus amigos.

Reflexão

Jesus morre na cruz, mostrando que não há maior amor do que dar a vida por aqueles que se ama. Santa Teresinha acreditou em Jesus, em sua misericórdia, e o amou muito como também a seus semelhantes.

Oração

Santa Teresinha do Menino Jesus, com plena confiança em vós e na vossa intercessão junto a Deus, peço a graça de que tanto necessito... (fazer o pedido).

Rezar 24 Glórias-ao-Pai, acrescentando a cada um a jaculatória: Santa Teresinha do Menino Jesus, rogai por nós.

5º dia

Iniciemos com fé este quinto dia de nossa novena, invocando a presença da Santíssima Trindade: em nome do Pai, do Filho e do Espírito Santo. Amém.

Leitura do Evangelho: 1Jo 2,9-11

Quem diz que está na luz, mas odeia o irmão, ainda está nas trevas. Quem ama o irmão está na luz e não é pedra de tropeço. Mas quem odeia o irmão está nas trevas; anda nas trevas, sem saber para onde vai, porque as trevas lhe cegaram os olhos.

Reflexão

Esta passagem do Evangelista João mostra a importância do amor na vida de nós, seres humanos. Para Santa Teresinha "não há outro meio de chegar à perfeição, a não ser o amor".

Oração

Santa Teresinha, Santa das Rosas, fazei com que eu cresça na capacidade de amar meus semelhantes. Que eu tenha sempre confiança em Deus, amando-o cada vez mais. Dai-me a graça de ser simples e humilde como vós fostes e alcançai-me a graça de que tanto necessito... (fazer o pedido desejado).

Rezar 24 Glórias-ao-Pai, acrescentando a cada um a jaculatória: Santa Teresinha do Menino Jesus, rogai por nós.

6º dia

Iniciemos com fé este sexto dia de nossa novena, invocando a presença da Santíssima Trindade: em nome do Pai, do Filho e do Espírito Santo. Amém.

Leitura do Evangelho: Mt 6,5-6

E quando orardes não sejais como os hipócritas, que gostam de rezar em pé nas sinagogas e nas esquinas das praças para serem vistos pelos outros. Eu vos garanto: eles já receberam a recompensa. Mas quando rezares, entra no teu quarto, fecha a porta e reza ao teu Pai que está no oculto. E o Pai, que vê no oculto, dar-te-á a recompensa.

Reflexão
É no silêncio que Deus, a Palavra Eterna, a nós se revela. Santa Teresinha irradiava o silêncio divino: não gritava, não agredia, e sim mostrava fraternidade, solidariedade e amor.

Oração
Gloriosa Santa Teresinha, ajudai-me a seguir vosso exemplo de bondade e amor a Deus e intercedei junto ao Pai todo-poderoso para o alcance da graça de que tanto necessito... (falar a graça que se deseja alcançar).

Rezar 24 Glórias-ao-Pai, acrescentando a cada um a jaculatória: Santa Teresinha do Menino Jesus, rogai por nós.

7º dia
Iniciemos com fé este sétimo dia de nossa novena, invocando a presença da Santíssima Trindade: em nome do Pai, do Filho e do Espírito Santo. Amém.

Leitura do Evangelho: Mc 8,34

Se alguém quiser vir após mim, renuncie a si mesmo, tome a sua cruz e me siga...

Reflexão

Vamos acolher nosso sofrimento em silêncio, com serenidade, apoiando sempre em Jesus. Não vamos desanimar com o peso de nossa cruz, dos nossos problemas. Vamos manter a fé em Jesus, seguindo o exemplo de Santa Teresinha.

Oração

Santa Teresinha do Menino Jesus, ajudai-me a manter a fé e esperança em Jesus e em vós. Concedei-me a graça que, ardentemente, vos peço... (fazer o pedido da graça).

Rezar 24 Glórias-ao-Pai, acrescentando a cada um a jaculatória: Santa Teresinha do Menino Jesus, rogai por nós.

8º dia

Iniciemos com fé este oitavo dia de nossa novena, invocando a presença da Santíssima Trindade: em nome do Pai, do Filho e do Espírito Santo. Amém.

Leitura do Evangelho: Jo 14,6-7
> Jesus respondeu: "Eu sou o Caminho, a Verdade e a Vida. Ninguém vem ao Pai senão por mim. Se me conhecêsseis, conheceríeis também o meu Pai. Desde agora o conheceis e o tendes visto".

Reflexão
Jesus é o único caminho em nossas vidas. Assim como Santa Teresinha, que teve uma vivência cristã desde criança, seguindo os exemplos de Jesus, vamos transmitir a nossos filhos a prática do Evangelho e o amor ao próximo.

Oração: Santa Teresinha, concedei-me a graça de que tanto necessito... (falar a graça desejada).

Rezar 24 Glórias-ao-Pai, acrescentando a cada um a jaculatória: Santa Teresinha do Menino Jesus, rogai por nós.

9º dia

Iniciemos com fé este nono dia de nossa novena, invocando a presença da Santíssima Trindade: em nome do Pai, do Filho e do Espírito Santo. Amém.

Neste último dia da novena, apresentemos a Santa Teresinha do Menino Jesus, a Santa das Rosas, nossas preces na certeza de sermos atendidos.

Para que sejamos capazes de difundir a mensagem do Evangelho, rezemos:
Santa Teresinha do Menino Jesus, intercedei a Deus por nós.

Por todas as pessoas que se dedicam ao cuidado de crianças, idosos, enfermos, necessitados, rezemos:
Santa Teresinha do Menino Jesus, intercedei a Deus por nós.

Para que reinem sempre em todas as nações do mundo a paz e a fraternidade, rezemos:
Santa Teresinha do Menino Jesus, intercedei a Deus por nós.

Para manter a união em nossa família, rezemos:
Santa Teresinha do Menino Jesus, intercedei a Deus por nós.

Para estar sempre no caminho do bem, da verdade, da justiça, da paz, da esperança, rezemos:
Santa Teresinha do Menino Jesus, intercedei por nós.

Para aprender e agradecer a partilha, rezemos:
Santa Teresinha, intercedei por nós.

Para perdoar e reconciliar, rezemos:
Santa Teresinha, intercedei por nós.

Oração
Santíssima Trindade, Pai, Filho e Espírito Santo, eu vos agradeço todos os favores e graças com que enriquecestes a alma de vossa serva, Santa Teresinha do Menino Je-

sus, durante os 24 anos em que passou na terra e, pelos méritos de tão querida santa, concedei-me a graça que ardentemente vos peço se for conforme a vossa santíssima vontade e para o bem de minha alma (faça o pedido da graça que deseja alcançar). Ajudai minha fé e minha esperança, ó Santa Teresinha; cumpri mais uma vez vossa promessa de que ficaríeis no céu fazendo o bem sobre a terra, permitindo que eu ganhe uma rosa, sinal de que alcançarei a graça pedida.

Rezar 24 Glórias-ao-Pai, acrescentando a cada um a jaculatória: Santa Teresinha do Menino Jesus, rogai por nós.

ORAÇÕES A SANTA TERESINHA

Oração 1: para afastar-se das enfermidades

Santa Teresinha do Menino Jesus, minha Santinha das Rosas, Padroeira das Missões e Doutora da Igreja, que, em vida, fizestes a vontade do Cristo através de vossa vida simples e silenciosa, abri as portas que se fecham em minha vida. Derramai as vossas rosas em meu caminho de espinhos. Acendei uma luz nas noites escuras da minha vida. Curai-me das doenças do corpo e da alma, ajudai-me a ter a coragem de dizer sim quando for para minha felicidade, e não para todo tipo de morte. Abençoai-me, protegei-me e defendei-me na minha missão e atendei a este meu pedido... (pedir a graça que se deseja).

Oração 2: para obter uma graça especial

Oh, Santa Teresinha do Menino Jesus, modelo de humildade, de confiança e amor!

Do alto dos céus, despejai sobre nós estas rosas que levais em vossos braços: a rosa da humildade, para que vençamos nosso orgulho e aceitemos o jugo do Evangelho; a rosa da confiança, para que nos abandonemos à vontade de Deus e descansemos em sua misericórdia; a rosa do amor, para que, abrindo nossas almas sem medida à graça, realizemos o único fim para o qual Deus nos criou a sua imagem: Amar-lhe e fazer-lhe amar. Vós que passais vosso céu fazendo o bem na terra, ajudai-me neste momento difícil, concedendo-me a graça de que tanto necessito... (fazer o pedido).

Ladainha de Santa Teresinha

Senhor, tende piedade de nós,
Cristo, tende piedade de nós.
Senhor, tende piedade de nós.

Jesus Cristo, ouvi-nos.
Jesus Cristo, atendei-nos.

Pai celeste, que sois Deus, tende piedade de nós.
Deus Filho, redentor do mundo, tende piedade de nós.
Deus Espírito Santo, tende piedade de nós.
Santíssima Trindade, que sois um só Deus, tende piedade de nós.

Santa Maria, rainha dos mártires, rogai por nós.
Santa Mãe de Deus, rogai por nós.
Santa Teresinha do Menino Jesus, rogai por nós.

Santa Teresinha, Santa das Rosas, rogai por nós.
Santa Teresinha, modelo de infância, rogai por nós.
Santa Teresinha, devotíssima a Jesus, rogai por nós.
Santa Teresinha, modelo de paciência, rogai por nós.
Santa Teresinha, modelo de humildade, rogai por nós.
Santa Teresinha, modelo de obediência, rogai por nós.
Santa Teresinha, modelo de confiança em Deus, rogai por nós.
Santa Teresinha, guia das almas, rogai por nós.
Santa Teresinha, consolo nosso, rogai por nós.
Santa Teresinha, poderosa em converter os pecadores, rogai por nós.
Santa Teresinha, intercessora dos sacerdotes, rogai por nós.
Santa Teresinha, alívio dos enfermos, rogai por nós.
Santa Teresinha, que prometeste fazer cair do céu uma chuva de rosas, rogai por nós.
Santa Teresinha, que desejastes passar o vosso céu a fazer o bem na terra, rogai por nós.

Santa Teresinha, tolerante com todos, rogai por nós.
Santa Teresinha, caridosa com todos, rogai por nós.
Santa Teresinha, "Doutora da Igreja", rogai por nós.
Santa Teresinha, exemplo de simplicidade e humildade, rogai por nós.
Santa Teresinha, padroeira das missões e vocações, rogai por nós.

Cordeiro de Deus, que tirais o pecado do mundo, perdoai-nos, Senhor.
Cordeiro de Deus, que tirais os pecados do mundo, atendei-nos, Senhor.
Cordeiro de Deus, que tirais os pecados do mundo, tende piedade de nós, Senhor.

Jesus Cristo, ouvi-nos.
Jesus Cristo, atendei-nos.

Rogai por nós Santa Teresinha do Menino Jesus, Santa das Rosas,
Para que sejamos dignos das promessas de Cristo.

Ó Deus, que preparais o vosso reino para os pequeninos e humildes, dai-nos seguir confiantes o caminho de Santa Teresinha, para que, por sua intercessão, nos seja revelada a sua glória.
Por Nosso Senhor Jesus Cristo... Amém.